Deftig-derbe BauernSprüche

Ich danke allen Freunden, Verwandten, Bekannten und sonstigen Bauern, die mich mit Ideen und Halbwahrheiten zu diesem Werk geradezu gedrängt haben.

Ohne auch nur die geringsten meteorologischen Grundkenntnisse, agrar-wissenschaftlichen Fachausdrücke, Zuordnung der Namenstage sowie sachspezifischen Erfahrungen habe ich mich diesem Wagnis mannhaft gestellt.

Gleichzeitig erflehe ich das Verzeihen dieses von mir hoch geschätzten Berufsstandes, sollte ich aus den in jahrzehntelanger Kleinarbeit gesammelten Details teilweise irreführende Schlüsse gezogen haben.

Und unserer ach so kinderarmen Gesellschaft möchte ich aus übervollem Herzen einen ausnahmsweise wahren Spruch mit auf den Weg geben: „Nur wer regelmäßig aussät, wird auch reichlich ernten!"

Rudi Hans Böhret

Rudi Hans Böhret

Deftig-derbe BauernSprüche

Bibliografische Information der Deutschen Nationalbibliothek
Die Deutsche Nationalbibliothek verzeichnet diese Publikation in der
Deutschen Nationalbibliografie; detaillierte bibliografische Daten sind
im Internet über http:// dnb.d-nb.de abrufbar.

Von Rudi Hans Böhret sind bisher erschienen:

Im Eigenvertrieb
2004   Heiteres in Wort & Bild
2007   Augen auf!

Im Verlag BoD
2008   Ene mene mu – und tot bist DU!
2008   Besser vom Böhret gezeichnet als
                vom Leben

Erste Auflage. 2009
Gesamtherstellung:
Satz, Herstellung und Verlag:
Books on Demand GmbH, Norderstedt
Umschlaggestaltung: Rudi Hans Böhret

ISBN 978-3-8370-7476-5

Januar

Man nannte ihn den JANUAR,
weil er der erste Monat war.

Der Österreicher „Jänner" sagt,
wir Deutsche hätten`s nie gewagt.

Wärmt sich der Eber bei der Sau,
dann bleibt der Winter kalt und rau.

Scharen an **Crispin** sich Ratten zuhauf,
nimmt schlimmes Schicksal bald seinen Lauf.

Liebt in der Stadt der Bauer `ne Puppe,
löffelt zu Haus er alleine die Suppe.

Tät an **Wilhelmi** das Rheuma reißen,
setzt man sich lieber nicht zum … Lesen.

Wenn an **St. Hubert** die Nase tropft,
wird das Märzen fein gehopft.

Fällt an **Gertrudis** das Huhn von der Stange,
dauert`s beim Bauern auch nicht mehr lange.

Wenn die Geduld an **Melchior** reißt,
der Hofhund sogar den Tierarzt beißt.

Liegt auf dem Dach Geflügelkot,
raucht im Maien noch der Schlot.

Ist in der Herde schwarzes Schaf,
määäät dieses alle aus dem Schlaf.

Heißt der Bauer **Friederich,**
ist er am Sonntag liederlich.

Ludmilla nennt man brave Magd,
die immer tut, was man ihr sagt.

Hat Bauer einen auf der Pfanne,
melkt er die Milch neben die Kanne.

Februar

Achtundzwanzig Tage nur,
doch die bringen Kälte pur.

Überall liegt Schnee und Eis
- in der Karibik wär`s jetzt heiß.

Dickt die Milch zur Süßrahmbutter,
wird auch die Bäu`rin bald zur Mutter.

Beim Füttern soll man schon drauf achten,
welch Tier man will als nächstes schlachten.

Die Guten für die Saat,
die Schlechten für den Staat.

Gibt's an **Lukas** Schnee und Eis,
schmeckt der Wildsau im Sommer der Mais.

Kommt man beim Säen aus der Spur,
läuft schon früh ab die Lebensuhr.

Der Magd zeigt **St. Johannes** an,
ob demnächst naht ein strammer Mann.

Die Kutsche meist am besten fährt,
wenn sie gezogen wird vom Pferd.

Kräht der Hahn um 3 zu frühe,
kocht er zu Mittag in der Brühe.

Hat Magd beim Grafen `ne Stellung schon
und wird schwanger, jagt er sie da"von".

Schnitzel, Kotelett von den Sauen
schmecken Männern und den Frauen.

Ein guter Landmann weiß genau:
Das Wichtigste ist fleißig` Frau.

Fängt die Katz an *Fritz* `ne Maus,
geh drei Tag nicht aus dem Haus.

März

Im Märzen der Bauer die Rösslein einspannt,
dann fährt er den Mistwagen gleich vor die Wand.

Die Sonne schon aufs Wamserl brennt
und weckt Gefühle, die Mann kennt.

Der Winter ist ein Schlimmer,
friert er an **Lazarus** noch immer.

Lässt das Pferd sich schwerlich führen,
hüte man sich vor Geschwüren.

Kackt die Krähe auf die Saat,
an **Servaz** Blitz und Donner naht.

Zuerst beim Skat den Hof verkloppen,
danach noch mit der Zensi …plaudern.

Die Bäuerin tät sich derblecken,
find in der Wäsch` sie rote Flecken.

Ist es an **Theodor** nicht heiter,
verstopfen bald der Kühe Euter.

Falls im Lenz die Unwetter ruh`n,
gibt es zu Ostern Suppe vom Huhn.

Kann die Bäu`rin heftig farzen,
ist dies gut für ihre Warzen.

Fröstelt im Märzen noch der Hund,
wird's im April bald warm von unt`.

Wenn`s an **Ägidius** in der Schlafkammer kracht,
hat der Bauer bei der Magd ein Bäuerchen gemacht.

Bist du mit 40 nicht mehr geil,
schickt man dich auf`s Altenteil.

Wenn des Nachts das Käuzlein schreit,
mach` dich zum Abschied schon bereit.

April

Der April bringt Wetter bunt,
dass es grauset gar dem Hund.

Kaum kommt ein Sonnenstrahl herfür.
Knecht öffnet nicht mal Hosentür.

Die **Kunigund** , die **Kunigund** ,
macht manche Frühlingswiese bunt.

Wird die Wäsche der Bäu`rin an **Josef** nicht trocken,
muss sie in nassen Klamotten hocken.

Sieht man an **Magnus** einen Zwerg,
steig` man nicht auf hohen Berg.

Wenn der Bauer löscht sein Licht,
die Magd nicht nur der Hafer sticht.

Friert an **Ludwiga** noch Mensch und Tier,
gibt's beim Dorfwirt heuer kein Bier.

Gibt an **Bernhard** viel Milch die Kuh,
raubt der Knecht der Bäu`rin die Ruh.

Schnattert an **Egolf** laut die Gans,
heißt der Neugebor`ne Hans.

Blühen schon an **Vinzenz** die Reben,
lässt sich im Herbst manch` Viertele heben.

Solange noch der Schornstein raucht,
wird nicht der Knecht zum Sex gebraucht.

Geht dem Pfau `ne Feder aus,
bestelle schon den Leichenschmaus.

Begeht er Subventions-Betrug,
ist dies vom Bauern nicht sehr klug.

Zuckert **Gangolf** `s Feld mit Reif,
werden Bauers Glieder steif.

Mai

Im lieblich Wonnemonat Mai
sehnt die Liebe man herbei.

Die Blümlein blüh`n, grün ist das Gras.
Verdammt, da war noch irgendwas!

Hört der Bauer den Kuckuck im Wald,
klebet er bei ihm schon bald.

Hängt aus dem Fenster früh das Bett,
war die Nacht mal wieder nett.

Wird an **Ramon** die Suppe dick,
verzichte lieber man auf …Glück.

Wandern an **Lukas** viele Kröten,
soll man sofort den Ziegenbock töten.

Der Bauer streuet aus den Samen,
egal sind ihm der Mägde Namen.

Erst wenn *Pankrazi* von dannen zieht,
auch bald das Mauerblümchen blüht.

Tröpfelt im Mai der Regen auf's Tann,
wird dieses ganz nass – dann und wann.

Ist keusch die Magd noch an *Johann* ,
bereinigt dies der Knecht sodann.

Will Bauer an **Gisbert** Hochzeit planen,
begibt er sich bald zu seinen Ahnen.

Gar mancher möcht` die Bullen mästen
mit Gammelfleisch und üblen Resten.

Hat Bauer Sex mit Lieblingsvieh,
nennt man solches Sodomie.

Bei Tisch man sich sehr rasch gewöhne
an Rülpsen und auch and`re Töne.

Juni

Der Junimond bringt lange Tage,
der schönste Monat ohne Frage.

Der Bauer sammelt duftend` Heu
und ist der Bäu`rin selten treu.

Siebenschläfer heiß und trocken,
lässt uns sieben Woch` frohlocken.

Legen die Hühner täglich drei Eier,
gibt`s Omelett dann zur Sonnwendfeier.

Bläst der Südwind in das Korn,
schwillt des Nachts beim Knecht das Horn.

Blüht im Juni rot der Mohn,
plagt die Gicht an **Felix** schon.

Stehet dem Bauern an **Cäsar** der … Sinn,
holt er an Pfingsten die Vroni zum Tanz.

Bettelt Pastor um `ne Spende,
plant er schon für die Riester-Rente.

Sprießt das Korn zu **Rosamund** ,
wird bei der Magd das Bäuchlein rund.

Stinket es gar stark beim Güllen,
schreib` der Bauer letzten Willen.

Gräbt **Baldur** tiefe Mauselöcher,
regnet`s Wochen noch und nöcher.

Wenn zur Heuet niest der Gaul,
war das Gras schon vorher faul.

Die Magd tut sich nicht nur tief bücken
beim Jäten und beim Blumen pflücken.

Viagra schluckt der Bauersmann,
wenn er allein nicht stehen kann.

Juli

Große Hitze, spärlich Schatten.
Ins Dunkel flüchten selbst die Ratten.

Am ganzen Körper fließt der Schweiß,
vom Genicke bis zum Steiß.

Tun an **Marie** die Mägde flachsen,
sehn sie bald die Radieschen wachsen.

Der Wilderer jagt jetzt das Reh.
Trifft er den Knecht, tut`s <u>diesem</u> weh.

Stinkt an **Wolfhard** stark der Dung,
kriegt`s der Bauer auf die Lung`.

Böse Maul- und Klauenseuchen
lassen Schweine rasch erbleichen.

Wenn an **Sophien** Donner grollt,
wird der Käs zu Tal gerollt.

Schärft man die Sense zu gemein,
hinkt man danach auf linkem Bein.

Steht vor der Ernt` Getreide kurz,
verlängert es nicht der Bäuerin Furz.

Wirft ein Maulwurf seinen Haufen,
soll man nicht gleich den Hof verkaufen.

Ist in der Nacht zu feucht das Heu,
liebt der Bauer die Magd im Streu.

Singt man an **Benedikt** `nen Psalm,
reift die Frucht bald reich am Halm.

Geht Traktor auf dem Feld kaputt,
ruf` man nach Mägdlein namens Ruth.

Legt beim Sturm sich das Getreide,
tut dasselbe auch die **Heide** .

August

St. Florian, du braver Mann,
zünd` bloß nicht unsre Felder an.

Verschon` auch Mägde, Hof und Vieh.
Den Nachbarn nicht, der betet nie.

Sprießt erst der Spargel im August,
packt den Bauern blanker Frust.

Tät der Knecht drei Mägdlein knuddeln,
sollt man rasch Kartoffeln buddeln.

Juckt es beständig unterm Steiß,
bleiben Sommernächte heiß.

Verliert der Bauer Hosenknopf,
gib man Gehacktes in den Topf.

Wird im August gezündelt im Stroh,
brennt`s im September lichterloh.

Stürzt beim Fensterln ab die Leiter,
folgt beim Knecht bald Schmerz und Eiter.

Sammelt der Bauer zu früh das Korn,
beginnt der ganze Mist von vorn.

Bricht der Bäu`rin Daumennagel,
folgen Schauer, Sturm und Hagel.

Sobald der Jäger Flinten knallen,
lässt die Magd das Mieder fallen.

Fliegt die Fledermaus gen Osten,
kann`s dem Knecht das Leben kosten.

An **Nepomuk**, im vollen Suff,
treibt`s den Bauern in … die Stadt.

Gewitter bringen köstlich Nass
und füllen leeres Regenfass.

September

Fallobst nennt man Äpfel, Birnen.
Gefall`ne Mädchen heißen Dirnen.

Im Zeichen „Jungfrau" steht September.
Was das ist? I don`t remember.

Verkauft der Bauer `s Korn zu teuer,
bekommt nicht leer er seine Scheuer.

Wird der Quark zu schnell gerührt,
dies gern zu Wind und Blähung führt.

Wedelt an **Lisbeth** das Kalb mit dem Schwanz,
flechtet man der Bäu`rin schon bald einen Kranz.

Hat man einen Wurm zertreten,
schütz` zehn Tag den Hof durch Beten.

Wer sündiget bei vollem Mond,
auf Neumond nicht mehr warten konnt`.

Gebärt **Augustus** Ferkel tot,
macht er nicht viele Äpfel rot.

Versalzt die Magd das Mittagessen,
mögen`s auch die Säu nicht fressen.

Knüpfen die Spinnen an **Petri** ihr Netz,
weiß man, dass es herbstelt jetz.

Schlacht am Sonntag nie ein Schwein,
sonst lade gleich den Pastor ein.

Plagt bei der Sonntags-Mess der Darm,
bleibt September lang noch warm.

Zuerst darf Magd die Würstchen grillen,
dann ist sie ihrem Herrn zu Willen.

Wer im Leben Feuer hasst,
sich auch nicht gern verbrennen lasst.

Oktober

Von der Rebe in das Fass,
Traubenernte macht viel Spaß.

Und ist der Saft dann erst vergoren,
hat mancher schon Verstand verloren.

Alter Wein und frisches Brot
machen Mägdleins Wangen rot.

Tritt er an **Anna** in die Pfütze,
bekommt`s der Bauer auf die Mütze.

Wenn in der Früh die Krähe schreit,
ist die Empfängnis nicht mehr weit.

Wie aus Trauben guter Wein,
soll bleiben auch die Jungfrau rein.

Heult der Hofhund an **St. Mang,**
sei vor dem Winter dir nicht bang.

Wer stets auf Nachbars Acker pflügt,
ihn gern auch mit dem Weib betrügt.

Sticht die Magd Oktobermück`,
findet sie im Mai ihr Glück.

Man soll den Tag nicht vor dem Abend loben
-   und die Bäu`rin nicht vor dem Morgen.

Siehst Doppelbock du im Revier,
verzicht` sofort auf weit`res Bier.

Ragt die Rübe aus dem Acker,
treibt`s die Bäuerin mit `nem Macker.

Wer an **St. Peter** schlachtet ein Huhn,
wird bald schon neben diesem ruh`n.

Den Bauern man auch Land*wirt* nennt,
weil er den Wirt am besten kennt.

November

Der Monat bringt uns Nebel nur,
denn jetzo schlummert die Natur.

Doch bereits zu seinem Ende,
verheißt Advent erfreulich` Wende.

Trank er im „Ochsen" zu viel Bier,
kotzt der Bauer vor die Tür.

An **Max** die Sonne auf dem Hintern,
lässt die Saat gut überwintern.

Wenn er nicht grad die Sense dengelt,
der Knecht gelegentlich auch schwengelt.

Ist der Most schon reichlich sauer,
liegt der Winter auf der Lauer.

Wird die Magd vom Bauern schwanger,
bestattet man sie auf dem Anger.

„Strohdumm" sei die blonde Maid.
Glaubt dies nicht, denn Stroh ist gscheit.

Juckt an **Ambrosius** der Hoden,
trägt der Bauer bald den Loden.

Wird zu **St. Martin** die Gans gestohlen,
kommt sie zur Weihnacht zurück aus Polen.

Räuchert Schinken im Kamin,
bringt er dem Bauern gut Gewinn.

Tut der Knecht an *Jonas* frieren,
wird die Kuh ihr Kalb verlieren.

Geht Bauer schon am Mittwoch baden,
hat dies Beigeschmack, `nen faden.

Schleicht um den Hof ein Tagedieb,
hab` ihn auch des Nachts nicht lieb.

Dezember

Die Bäu`rin bringt auf den Geschmack
Sankt Nikolaus mit vollem Sack.

Nun ist bis Weihnacht nicht mehr lang,
mit Engelhaar und Harfenklang.

Überstand der Bauer **Remigius** heil,
ist er an **Niklaus** dann besonders geil.

Sommer macht Durst,
Winter die Wurst.

Scheint an **Judith** der Mond auf den Nabel,
stinkt der Mist schon früh auf der Gabel.

Hackt sich der Knecht mit der Axt in den Fuß,
er bis **St. Paulus** ruhen muss.

Willig Magd und Griebenschmalz
braucht der Bauer. Gott erhalts!

Regnet es an **Anton** immer,
schneit`s im Jänner umso schlimmer.

Schwillt an **St. Veit** bei der Magd der Kropf,
brät zu Neujahr `ne Ente im Topf.

Wen plagt an **Kriemhild** Mundgeruch,
dem bügelt man schon `s Leichentuch.

Die Bäu`rin hätte nie genug
von teurem Gold- und Silberschmuck.

Verteilt Knecht Ruprecht seine Gaben,
möcht` der Bauer `s Mägdlein haben.

Am schönsten in geschloss`nem Raum
brennt lichterloh der Weihnachtsbaum.

Träumt er von Krankheit in der Nacht,
hat Bauer längst ins Bett gemacht.